ग़ज़ल गाँव

ग़ज़ल गाँव

मुनव्वर राना

वाणी प्रकाशन

वाणी प्रकाशन

4695, 21-ए, दरियागंज, नयी दिल्ली 110 002

शाखा

अशोक राजपथ, पटना 800 004

फ़ोनः +91 11 23273167 फ़ैक्सः +91 11 23275710

www.vaniprakashan.in
vaniprakashan@gmail.com
sales@vaniprakashan.in

GHAZAL GAON
by Munwwar Rana

ISBN : 978-81-8143-979-6
Ghazals

संस्करण : 2009, 2010, 2014, 2015
आवृत्ति 2017
मूल्य : ₹ 150

आर.टेक ऑफसेट, दिल्ली-110 032 में मुद्रित

वाणी प्रकाशन का लोगो मक़बूल फ़िदा हुसेन की कूची से

राजकुमार लोहिया

के नाम

जिनकी मुहब्बतों से मैं

इन दिनों महरूम

हूँ!

अनुक्रम

ग़ज़लें

उस वक़्त भी अक्सर तुझे हम ढूँढने निकले।
जिस धूप में मज़दूर भी छत पर नहीं आते।

इस सदी का कबीर

यह सितम्बर 1977 ई. के एक ख़ुशगवार दिन का तीसरा पहर था जब मेरे मक़तबे में दो नौजवान आये। उनमें से एक तो आम-सी शक्ल-ओ-सूरत वाला था, मगर दूसरा नौजवान साँवले रंग, दोहरे जिस्म, ख़ूबसूरत आँखों और हँसते हुए चेहरे का मालिक था, जो मुझसे पूछ रहा था, "क्या आज के मुशायरे के पास यहाँ से मिलेंगे?" नौजवान के सरापा का जायज़ा लेते हुए मैंने जवाब दिया, "जी हाँ मिलेंगे, लेकिन शाम को। जो पास मौजूद थे, वो ख़त्म हो गये हैं। आप शाम को तशरीफ़ लायें।"

अजनबी नौजवान ने दूसरा सवाल जड़ दिया, "जी, बहुत अच्छा। शाम को किस वक़्त हाज़िर हो जाऊँ?"

मैंने क, "यही कोई पाँच तक आ जाइए—"

मकतबे में बैठे हुए शायर दोस्तों ने ख़ामोशी से यह मुकालमे सुने जो शाम को मकामी हाल रवीन्द्रालय में होने वाले मुशायरे में बाहर से आये हुए थे।

दोस्तों के जाने के बाद मैं अपने दूसरे कामों में लग गया। इस बीच मुशायरे के पास दोबारा मेरे मकतबे में पहुँच गये, यहाँ तक कि शाम के पाँच बज गये। यह वह वक़्त था कि मैं मकतबे में अकेला रह गया था। दोनों नौजवान फिर आये और मैंने वादे के मुताबिक़ दो कार्ड उनको पेश कर दिये। इस अर्से में दोनों मेरे सामने वाली बेंच पर बैठ चुके थे, पैंट और शर्ट पहने हुए सियाही-मायल साँवली रंगत के नौजवान ने मुझसे एक सवाल और किया—

"क्या आपका नाम वाली आसी है?"

मैंने 'हाँ' में जवाब दिया और नौजवान बोलने लगा, "मुझे आपके कई शेर याद हैं, और यह कि मैं आपसे दस-बारह साल पहले नामी प्रेस में मिल चुका हूँ।"

ज़ेहन पर ज़ोर दिया तो मुझे धुँधला-धुँधला-सा याद आया। मैंने कहा, "हो सकता है।" फिर उस नौजवान ने शर्माये हुए लहजे में कहा कि :

"मैं भी शेर कहता हूँ। आप शेरों की इसलाह कर दिया कीजिए।"

मैंने अर्ज़ किया, "शेर कहते हैं तो सुनाइए। रह गयी इसलाह की बात, तो वह यूँ है कि इस ज़माने में उस्तादी-शार्गिदी की रस्म एक दास्तान बन कर रह गयी है। फिर वह किसी की इसलाह क्या करेगा जिसकी इसलाह ख़ुद न हुई हो। शेर सुनाइए। आप मेरे दोस्त और छोटे भाई की तरह हैं। अगर मुझे कुछ आता है तो आपको ज़रूर बताऊँगा। शेर सुनाने से पहले अपना नाम और तख़ल्लुस भी बताइए ताकि तआरुफ़ की रस्म भी पूरी हो जाये।"

नौजवान ने अपना नाम और तख़ल्लुस बताया—"मुनव्वर अली आतश!"

नाम और तख़ल्लुस सुन कर मेरे दिल को धक्का लगा और यूँ लगा जैसे नौजवान का नाम ख़्वाजा हैदर अली के नाम की पैरोडी हो।

इस नाम और तख़ल्लुस से मैंने अपने तौर पर अन्दाज़ा कर लिया कि कुछ लोग नौजवान हो कर भी बुज़ुर्ग बनने की तमन्ना रखते हैं और अपने माहौल से बेख़बर रह कर पुरानी तर्ज़ पर लिखते रहते हैं। मैं यही बातें सोच रहा था और नौजवान अपनी ग़ज़ल सुना रहा था—

अहदे-नौ तेरे मीर हैं हम लोग
आप अपनी नज़ीर हैं हम लोग
मौत को महजबीं समझते हैं
किस बला के शरीर हैं हम लोग
वक़्त पड़ने पे जान तक दी है
यूँ बज़ाहिर फ़क़ीर हैं हम लोग
वक़्त की सीढ़ियों पे लेटे हैं

इस सदी के कबीर हैं हम लोग

मैंने नौजवान की ग़ज़ल बेदिली के साथ सुनना शुरू की थी, लेकिन जैसे-जैसे ग़ज़ल आगे बढ़ती गयी, मैं अपनी राय बदलता चला गया। यहाँ तक कि ग़ज़ल ख़त्म हो गयी। मैं अपनी पहली राय पर क़ायम रहना चाहता था, इसलिए नौजवान से एक और ग़ज़ल की फ़रमाइश कर दी कि अगर वाक़ई यह शेर इसी नौजवान के हैं तो दूसरी ग़ज़ल भी कुछ इसी तरह की होगी, और जब उसने अपनी दूसरी ग़ज़ल का यह शेर पढ़ा—

ये हादसा हुआ था मगर सिर्फ़ एक बार
मैं बाम पर खड़ा था वो आँगन में आये थे

तो मैं अपनी पहली राय पर दिल-ही-दिल में शर्मिन्दा हो रहा था कि उर्दू ग़ज़ल की परम्परा यह रही है कि महबूब अपने कोठे पर आता था और आशिक़ उसके शरबते-दीदार के लिए उसकी गलियों की ख़ाक छानता-फिरता था। मगर शुरू ही में ग़ज़ल की परम्परा से जिस शायर की बग़ावत इतने ख़ूबसूरत अन्दाज़ में हो, वह ज़रूर आगे जायेगा और नयी उर्दू ग़ज़ल को बहुत कुछ देगा।

उसी वक़्त मैंने नौजवान से कहा—"इतने नये शेर और इतना पुराना नाम! सबसे पहले आप अपना नाम बदलिए। आज से आप मुनव्वर राना हैं!"

जब मैंने नौजवान को पहला मशवरा दिया और उसने ख़ुशी के साथ क़बूल किया। ठीक उसी वक़्त हमारे दोस्त हरमहेन्द्र सिंह दीवाना गाड़ी ले कर हमें मुशायरे में ले जाने के लिए आ गये।

मैंने दीवाना साहब से कहा :

"इनसे मिलिए, ये हैं मुनव्वर राना। कलकत्ते के नौजवान शायर। इत्तफ़ाक़ से आ गये हैं। आज ये भी आपके मुशायरे में कलाम सुनायेंगे।" दीवाना साहब ने मुनव्वर राना को रस्मी तौर पर मुशायरे का दावतनामा दिया और उसी शाम रवीन्द्रालय, लखनऊ में मुनव्वर राना ने पहली बार किसी मुशायरे में अपनी दो ग़ज़लें सुना कर लखनऊ के बाज़ौक सुनने वालों से बेइन्तहा दाद वसूल की।

फिर, पल दिनों में, दिन महीनों में और महीने सालों में बदलने लगे और माहो-साल की गर्दिश ने कैलेण्डर पर 1983 ई. तहरीर कर दिया। सिर्फ़ छह साल की मुद्दत में मुनव्वर राना ने हिन्दुस्तान और पाकिस्तान के उन नौजवान शायरों में अपनी एक अलग जगह बना ली जिनसे उर्दू ग़ज़ल को बड़ी उम्मीदें वाबस्ता हैं।

अवध की मिट्टी में बंगाल के फूलों की ख़ुशबू को समोने वाले इस शायर की ग़ज़लों की यह छोटी-सी किताब 'ग़ज़ल गाँव' आपके हाथों में है और मेरी ज़ुबान पर यह शेर है कि :

फूल-से मासूम बच्चों की ज़बाँ हो जायेंगे
मिट भी जायेंगे तो हम इक दास्ताँ हो जायेंगे

लखनऊ **—वाली आसी**

हम गाँव में जब तक रहते थे ये सब मंज़र मिल जाते थे
दो-चार कुँए मिल जाते थे दस-बीस शजर मिल जाते थे

1.

तो अब इस गाँव से रिश्ता हमारा ख़त्म होता है
फिर आँखें खोल ली जायें कि सपना ख़त्म होता है

मुक़द्दस मुस्कुराहट माँ के होंटों पर लरज़ती है
किसी बच्चे का जब पहला सिपारा ख़त्म होता है

हवाएँ चुपके-चुपके कान में आ कर ये कहती हैं
परिन्दो, उड़ चलो अब आबो-दाना ख़त्म होता है

बहुत दिन रह लिये दुनिया के सर्कस में तुम ऐ राना
चलो अब उठ लिया जाये तमाशा ख़त्म होता है

❖

2.

तलाश करते हैं उनको ज़रूरतों वाले
कहाँ गये वो पुरानी शराफ़तों वाले

तमाम उम्र सलामत रहें दुआ है यही
हमारे सर पे हैं जो हाथ बरक़तों वाले

हम एक तितली के ख़ातिर भटकते-फिरते थे
कभी न आयेंगे वो दिन शरारतों वाले

ज़रा-सी बात पे आँखें बरसने लगती थीं
कहाँ चले गये मौसम वो चाहतों वाले

बँधे हुए हैं मेरे हाथ पुश्त की जानिब
कहाँ हैं, आयें, पुरानी अदावतों वाले

❖

3.

आँखों में कोई ख़्वाब सुनहरा नहीं आता
इस झील पे अब कोई परिन्दा नहीं आता

हालात ने चेहरे की चमक छीन ली वरना
दो-चार बरस में तो बुढ़ापा नहीं आता

मुद्दत से तमन्नाएँ सजी बैठी हैं दिल में
इस घर में बड़े लोगों का रिश्ता नहीं आता

इस दर्जा मसायब के जहन्नुम में जला हूँ
अब कोई भी मौसम हो, पसीना नहीं आता

मैं रेल में बैठा हुआ ये सोच रहा हूँ
इस दौर में आसानी से पैसा नहीं आता

वो कौम की तक़दीर बदलने को उठे हैं
जिन लोगों को बचपन से ही क़लमा नहीं आता

बस तेरी मुहब्बत में चला आया हूँ वरना
यूँ सबके बुला लेने से राना नहीं आता

❖

4.

ख़ानदानी विरासत के नीलाम पर आप अपने को तैयार करते हुए
उस हवेली के सारे मकीं रो दिये उस हवेली को बाज़ार करते हुए

दोस्ती दुश्मनी दोनों शामिल रहीं दोस्तों की नवाज़िश थी कुछ इस तरह
काट ले शोख़ बच्चा कोई जिस तरह माँ के रुख़सार पर प्यार करते हुए

दुख बुज़ुर्गों ने काफ़ी उठाये मगर मेरा बचपन बहुत ही सुहाना रहा
उम्र भर धूप में पेड़ जलते रहे अपनी शाख़ें समरदार करते हुए

माँ की ममता घने बादलों की तरह सर पे साया किये साथ चलती रही
एक बच्चा किताबें लिये हाथ में ख़ामुशी से सड़क पार करते हुए

भीगी पलकें मगर मुस्कुराते हुए जैसे पानी बरसने लगे धूप में
मैंने राना मगर मुड़ के देखा नहीं घर की दहलीज़ को पार करते हुए

❖

5.

चराग़े दिल बुझाना चाहता था
वो मुझको भूल जाना चाहता था

मुझे वो छोड़ जाना चाहता था
मगर कोई बहाना चाहता था

ज़बाँ ख़ामोश थी उसकी मगर वो
मुझे वापस बुलाना चाहता था

उसे नफ़रत थी अपने आप से भी
मगर उसको ज़माना चाहता था

बहुत ज़ख़्मी थे उसके होंट लेकिन
वो बच्चा मुस्कुराना चाहता था

सफ़ेदी आ गयी बालों में उसके
वो बाइज़्ज़त घराना चाहता था

तमन्ना दिल की जानिब बढ़ रही थी
परिन्दा आशियाना चाहता था

❖

6.

अपने हाथों की लकीरों की तरफ़ क्या देखें
डूबते वक़्त जज़ीरों की तरफ़ क्या देखें

अपने ज़ख़्मों से ही फ़ुर्सत नहीं मिलती हमको
तुझ पे चलते हुए तीरों की तरफ़ क्या देखें

जिनसे मिलते हुए तौहीन हो ख़ुद्दारी की
ऐसे बेफ़ैज़ अमीरों की तरफ़ क्या देखें

हारना अपना मुक़द्दर ही जो ठहरा राना
ऐसी हालत में वज़ीरों की तरफ़ क्या देखें

❖

7.

अहदे-नौ तेरे मीर हैं हम लोग
आप अपनी नज़ीर हैं हम लोग

वक़्त पड़ने पर जान तक दी है
यूँ बज़ाहिर फ़क़ीर हैं हम लोग

मौत को महजबीं समझते हैं
किस बला के शरीर हैं हम लोग

वक़्त की सीढ़ियों पे लेटे हैं
इस सदी के कबीर हैं हम लोग

रख रहे हैं तेरे क़फ़स का भरम
मत समझना असीर हैं हम लोग

❖

8.

वफ़ादारी को परखा जा रहा है
हमारा जिस्म दाग़ा जा रहा है

किसी बूढ़े की लाठी छिन गयी
वो देखो, इक जनाज़ा जा रहा है

मेरी तहज़ीब नंगी हो रही है
ये उड़ कर इक दुपट्टा जा रहा है

न जाने जुर्म क्या हमसे हुआ था
हमें क़िस्तों में लूटा जा रहा है

अब इस पर होगी कुछ मरहम-नवाज़ी
हमारा ज़ख़्म धोया जा रहा है

क़लम कुछ और लिखना चाहता था
मगर काग़ज़ ही भीगा जा रहा है

❖

9.

तुम उचटती-सी एक नज़र डालो
जाम ख़ाली है इसको भर डालो

दोस्ती का यही तक़ाज़ा है
अपना इलज़ाम मेरे सर डालो

फ़ैसला बाद में भी कर लेना
पहले हालात पर नज़र डालो

ज़िन्दगी जब बहुत उदास लगे
कोई छोटा गुनाह कर डालो

मैं फ़क़ीरी में भी सिकन्दर हूँ
मुझ पे दौलत का मत असर डालो

❖

10.

कुछ खिलौने कभी आँगन में दिखाई देते
काश, हम भी किसी बच्चे को मिठाई देते

सूने पनघट का कोई दर्द-भरा गीत थे हम
शहर के शोर में क्या तुझ को सुनाई देते

किसी बच्चे की तरह फूट के रोयी थी बहुत
अजनबी हाथ में वो अपनी कलाई देते

कहीं बेनूर न हो जायें वो बूढ़ी आँखें
घर में डरते थे ख़बर भी मेरे भाई देते

साथ रहने से भी खिल जाते हैं रिश्तों के कँवल
बन्दिशें रोने लगीं मुझ को रिहाई देते

बस किसी बात के एहसास ने रोका वरना
हम भी औरों की तरह तुझ को बधाई देते

सिसकियाँ उसकी न देखी गयीं मुझ से राना
रो पड़ा मैं भी उसे पहली कमाई देते

❖

11.

महके हुए ख़याल के आँगन में आये थे
वो ख़्वाब बन के दीदा-ए-रौशन में आये थे

ये हादसा हुआ था मगर सिर्फ़ एक बार
मैं बाम पर खड़ा था वो आँगन में आये थे

कितना था पास उनको भी वादे का उन दिनों
इक बार भीगते हुए सावन में आये थे

तेरी गली को देख के आया हमें ख़याल
हम जैसे इस जगह कभी बचपन में आये थे

अब इसको इत्तफ़ाक़ ही कहिए तो ठीक है
जितने भी ख़ार थे मेरे दामन में आये थे

जब उनका सामना हुआ कुछ भी रहा न याद
वैसे कई रावाल मेरे मन में आये थे

❖

12.

जब भी देखा मेरे किरदार पे धब्बा कोई
देर तक बैठ के तनहाई में रोया कोई

लोग माज़ी का भी अन्दाज़ा लगा लेते हैं
मुझको तो याद नहीं कल का भी क़िस्सा कोई

बेसबब आँख में आँसू नहीं आया करते
आपसे होगा यक़ीनन मेरा रिश्ता कोई

याद आने लगा एक दोस्त का बर्ताव मुझे
टूट कर गिर पड़ा जब शाख़ से पत्ता कोई

बाद में साथ निभाने की क़सम खा लेना
देख लो जलता हुआ पहले पतंगा कोई

उसको कुछ देर सुना लेता हूँ रूदादे-सफ़र
राह में जब कभी मिल जाता अपना कोई

कैसे समझेगा बिछड़ना वो किसी का राना
टूटते देखा नहीं जिसने सितारा कोई

❖

13.

साथ अपने रौनक़ें शायद उठा ले जायेंगे
जब कभी कॉलेज से कुछ लड़के निकाले जायेंगे

हो सके तो दूसरी कोई जगह दे दीजिए
आँख का काजल तो चन्द आँसू बहा ले जायेंगे

कच्ची सड़कों से लिपट कर बैलगाड़ी रो पड़ी
ग़ालिबन परदेस को कुछ गाँव वाले जायेंगे

हम तो इक अख़बार से काटी हुई तस्वीर हैं
जिसको काग़ज़ चुनने वाले कल उठा ले जायेंगे

हादसों की गर्द से ख़ुद को बचाने के लिए
माँ, हम अपने साथ बस तेरी दुआ ले जायेंगे

❖

14.

कुछ तो जिगर का ख़ून तेरे ग़म ने पी लिया
कुछ तश्नगी के जोश में ख़ुद हमने पी लिया

बाज़ार में अजीब कल इक वाक़या हुआ
मज़दूर के पसीने को रेशम ने पी लिया

यूँ ज़िन्दगी को चाट गयी हैं मुसीबतें
सरसों का तेल जिस तरह शीशम ने पी लिया

सुक़रात जैसा शख़्स भी जिसको न पी सका
उन तल्ख़ये-हयात को भी हमने पी लिया

चेहरे की ताज़गी को तेरे ग़म ने खा लिया
तस्वीर के शबाब को अलबम ने पी लिया

ज़ख़्मों से पहले चारागरों ने बुझायी प्यास
जो ख़ून बच गया था वो मरहम ने पी लिया

❖

15.

रात, माज़ी का एक अरमान बहुत याद आया
तू भी ऐसे में मेरी जान बहुत याद आया

तज़किरा था तेरी आँखों का सरे-बज़्म कहीं
और मुझे 'मीर' का दीवान बहुत याद आया

ग़म की सूरत जो मेरे दिल को दिया था तूने
ज़िन्दगी तेरा वो वरदान बहुत याद आया

जब मेरे हाथ से पैमाना गिरा है राना
एक टूटा हुआ पैमाना, बहुत याद आया

❖

16.

ज़ख़्म माज़ी के महकने लगे गेसू की तरह
अब तेरी याद भी आती है तो ख़ुशबू की तरह

मौत जल्लाद की मानिन्द खड़ी है सर पर
ज़ीस्त ख़ामोश है सहमे हुए आहू की तरह

तेरी ज़ुल्फ़ों की घनी छाँव न मिल पायी हमें
ज़िन्दगी काट दी जलते हुए साखू की तरह

मै को ये सोच के हम हाथ लगाते ही नहीं
ये भी बेकैफ़ है मज़लूम के आँसू की तरह

उसकी आँखों में समन्दर की-सी गहराई है
और चेहरा किसी बहते हुए टापू की तरह

❖

17.

रोते हुए बिछड़ने की फ़सलें चली गयीं
शहरों से अब ख़ुलूस की रस्में चली गयीं

परदेस जाने वाले कभी लौट आयेंगे
लेकिन इस इन्तज़ार में आँखें चली गयीं

लौटा हूँ जंग हार के जब ये पता चला
राखी ज़मीं पे फेंक के बहनें चली गयीं

दिन-रात के सफ़र का नतीजा ये है कि अब
आँखों से सारी उम्र की नींदें चली गयीं

❖

18.

बिलखते-चीख़ते बच्चों को रोता छोड़ कर जाना
अभी देखा नहीं तुमने किसी का दार पर जाना

मुसाफ़िर भीगती आँखों का लिक्खा पढ़ नहीं पाते
पलटना गाँव को तो मोड़ पर तहरीर कर जाना

परेशानी का मौसम भी बहुत दिलचस्प मौसम है
मेरे चेहरे को लोगों ने ग़मों का पोस्टर जाना

ये माना गाँव की पगडण्डियाँ हमको बुलाती हैं
मगर मुश्किल बहुत है अब हमारा लौट कर जाना

बवक़्ते-दुश्मनी उसकी यही ताकीद थी राना
किसी से बात मत करना जो हमसे रूठ कर जाना

❖

19.

न जाने कौन-सी मजबूरियों में रहने लगे
मकान बेच के कालोनियों में रहने लगे

लिखी हुई थी मुक़द्दर में मौत पानी की
यही सबब है कि हम कश्तियों में रहने लगे

वो जिनकी आँखों ने नहीं देखा घर को जलते हुए
गिरहकटों की तरह पार्कों में रहने लगे

हमें बुज़ुर्गों की शफ़क़त कभी न मिल पायी
नतीजा ये है कि हम लोफ़रों में रहने लगे

पनाह दे न सका जब तुम्हारा शहर हमें
ख़ुदा का नाम लिया मस्जिदों में रहने लगे

❖

20.

साथ चलतीं कहाँ लड़कियाँ दूर तक
रास्ते में थीं दुश्वारियाँ दूर तक

मेरे आँसू तो मोती नहीं बन सके
हाँ, चमकती रहीं पटरियाँ दूर तक

वो एक ऐसे सफ़र में रवाना हुआ
उसको तकती रहीं बच्चियाँ दूर तक

हम तमाशा बने भी तो ऐसी जगह
थीं न राना जहाँ खिड़कियाँ दूर तक

❖

21.

या तो दिलों से लफ़्ज़े-तमन्ना निकाल दे
या ख़ुश्क बस्तियों से भी गंगा निकाल दे

घेरे हुए हैं चारों तरफ़ से मुझे हरीफ़
मूसा के रहनुमा कोई रस्ता निकाल दे

मैं तेरे साथ चलने को तैयार हूँ मगर
काँटा तो मेरे पाँव से बाबा निकाल दे

इन गूँगे नाक़िदों की तसल्ली के वास्ते
उस्ताद मेरे शे'र से सकता निकाल दे

❖

22.

लज़्ज़ते-गिरया से दिल जब आश्ना हो जायेगा
तुझ पे हर लम्हा मसर्रत का, सज़ा हो जायेगा

जब हवा सूखे हुए पत्ते उड़ा ले जायेगी
मेरी ख़ातिर कोई मसरूफ़े-दुआ हो जायेगा

मैं वसीयत कर सका कोई न वादा ले सका
मैंने सोचा भी नहीं था हादसा हो जायेगा

रास्ता तकती हुई आँखों से चल कर मिल भी ले
फल बदलते मौसमों में बेमज़ा हो जायेगा

भीख से तो भूख अच्छी गाँव को वापस चलो
शहर में रहने से ये बच्चा बुरा हो जायेगा

❖

23.

हम, सायादार पेड़ ज़माने के काम आये
जब सूखने लगे तो जलाने के काम आये

तलवार की मियान कभी फेंकना नहीं
मुमकिन है, दुश्मनों को डराने के काम आये

कच्चा समझ के बेच न देना मकाँ को
शायद ये कभी सर को छुपाने के काम आये

❖

24.

दिल वो बस्ती है जहाँ कोई तमन्ना न मिली
मैं वो पनघट हूँ जिसे कोई भी राधा न मिली

एक ही आग में ता उम्र जले हम दोनों
तुम को युसुफ़ न मिला हमको जुलेख़ा न मिली

मेरा बनवास पे जाने का इरादा था मगर
मुझ को दुनिया में कहीं भी कोई सीता न मिली

उसने बुलवाये थे मशहूर नजूमी लेकिन
खुरदुरे हाथ में तक़दीर की रेखा न मिली

इत्तफ़ाक़न कभी आयी तो कोई ग़म लायी
ऐ ख़ुशी, तू मुझे इक बार भी तनहा न मिली

❖

25.

वो अपनी पलकों पे ख़्वाबों के घर बनाता था
नदी के बीच में ईंटों के घर बनाता था

जगह मिली न कहीं उसको सर छुपाने की
तमाम उम्र जो गुड़ियों के घर बनाता था

तुम इसकी लाश को देखो न यूँ हिक़ारत से
ये शख़्स पहले अमीरों के घर बनाता था

❖

26.

जगमगाते हुए शहरों को तबाही देगा
और क्या मुल्क को मग़रूर सिपाही देगा

पेड़ उम्मीदों का ये सोच के काटा न कभी
फल न आ पायेंगे इसमें तो हवा ही देगा

तुमने ख़ुद ज़ुल्म को मेयारे-हुकूमत समझा
अब भला कौन तुम्हें मसनदे-शाही देगा

जिसमें सदियों से ग़रीबों का लहू जलता हो
वो दिया रोशनी क्या देगा, सियाही देगा

मुन्सिफ़े-वक़्त है तू और मैं मज़लूम मगर
तेरा क़ानून मुझे फिर भी सज़ा ही देगा

किसमें हिम्मत है जो सच बात कहेगा राना
कौन है जो कि मेरे हक़ में गवाही देगा

❖

27.

बड़े शहरों में भी रह कर बराबर याद करता था
वो एक छोटे-से इस्टेशन का मंज़र याद करता था

बहन का प्यार, माँ की मामता, दो चीख़ती आँखें
यही तोहफ़े थे वो जिनको मैं अक्सर याद करता था

न जाने कौन-सी मजबूरियाँ परदेस लायी थीं
वो जितनी देर भी ज़िन्दा रहा, घर याद करता था

उसे मुझसे बिछड़ने पर निदामत तो नहीं लेकिन
कहीं मिल जाये तो कहना मुनव्वर याद करता था

❖

28.

हमारे साथ चल कर देख लें ये भी चमन वाले
यहाँ अब कोयला चुनते हैं फूलों-से बदन वाले

बड़ी बेचारगी से लौटती बारात तकते हैं
बहादुर हो के भी मजबूर होते हैं दुल्हन वाले

हमारी चीख़ती आँखों ने जलते शहर देखे हैं
बुरे लगते हैं अब क़िस्से हमें भाई-बहन वाले

गुज़रता वक़्त मरहम की तरह ज़ख़्मों को भर देगा
हमें भी रफ़्ता-रफ़्ता भूल जायेंगे वतन वाले

जो घर वालों की मजबूरी का सौदा कर लिया हमने
हमें ज़िन्दा न छोड़ेंगे हमारी यूनियन वाले

❖

29.

गौतम की तरह घर से निकल कर नहीं जाते
हम रात में छुप कर कहीं बाहर नहीं जाते

बचपन में किसी बात पे हम रूठ गये थे
उस दिन से इसी शहर में हैं, घर नहीं जाते

इक उम्र यूँ ही काट दी फ़ुटपाथ पे रह कर
हम ऐसे परिन्दे हैं जो उड़ कर नहीं जाते

उस वक़्त भी अक्सर तुझे हम ढूँढने निकले
जिस धूप में मज़दूर भी छत पर नहीं जाते

हर वार अकेले ही सहा करते हैं राना
हम साथ में ले कर कहीं लश्कर नहीं जाते

❖

30.

चुभने लगेगा आँखों में मंज़र न देखिए
इन खिड़कियों से झाँक के बाहर न देखिए

मजबूर दिल के हाथों न होना पड़े मुझे
जा ही रहे हैं आप तो मुड़ कर न देखिए

आँखों में रह न जाये कहीं पस्तियों का अक्स
इतनी बुलन्दियों से मेरा घर न देखिए

मासूमियत पे आपकी हँसने लगेगी झील
कच्चे घड़े को पानी से भर कर न देखिए

रोना पड़ेगा बैठ के अब देर तक मुझे
मैं कह रहा था आपसे, हँस कर न देखिए

काँटों की रहगुज़र हो कि फूलों का रास्ता
फैला दिये हैं पाँव तो चादर न देखिए

❖

31.

हुमकते, खेलते बच्चों की शैतानी नहीं जाती
मगर फिर भी हमारे घर से वीरानी नहीं जाती

निगाहें मुस्तक़िल पड़ती हैं इस पर ज़रपरस्तों की
भिखारन के बदन की फिर भी उरयानी नहीं जाती

हमारे दोस्तों ने हम पे पत्थर तो बहुत फेंके
मगर फिर भी हमारी ख़न्दापेशानी नहीं जाती

किसी बच्चे का ये जुमला अभी तक याद है राना
यतीमों को पढ़ाने कोई उस्तानी नहीं जाती

❖

32.

मुझको गहराई में मिट्टी की उतर जाना है
ज़िन्दगी, बाँध ले सामाने-सफ़र, जाना है

घर की दहलीज़ पर रौशन हैं वो बुझती आँखें
मुझको मत रोक मुझे लौट के घर जाना है

मैं वो मेले में भटकता हुआ इक बच्चा हूँ
जिसके माँ-बाप को रोते हुए मर जाना है

ज़िन्दगी ताश के पत्तों की तरह है मेरी
और पत्तों को बहरहाल बिखर जाना है

एक बेनाम-से रिश्ते की तमन्ना ले कर
इस कबूतर को किसी छत पे उतर जाना है

❖

33.

जो उसने लिक्खे थे ख़त कापियों में छोड़ आये
हम आज उसको बड़ी उलझनों में छोड़ आये

अगर हरीफ़ों में होता तो बच भी सकता था
ग़लत किया जो उसे दोस्तों में छोड़ आये

सफ़र का शौक़ भी कितना अजीब होता है
वो चेहरा भीगा हुआ आँसुओं में छोड़ आये

फिर उसके बाद वो आँखें कभी नहीं रोयीं
हम उनको ऐसी ग़लतफ़हमियों में छोड़ आये

महाज़े-जंग पे जाना बहुत ज़रूरी था
बिलखते बच्चे हम अपने घरों में छोड़ आये

जब एक वाक़या बचपन का हमको याद आया
हम उन परिन्दों को फिर घोंसलों में छोड़ आये

❖

34.

जिसको एहसासे ग़म नहीं होगा
संग होगा सनम नहीं होगा

यूँ अचानक तेरे बिछड़ने का
ग़म तो मुझको भी कम नहीं होगा

तुम न समझोगे मेरे सर का जुनूँ
टूट जायेगा ख़म नहीं होगा

❖

35.

ऐ अहले-सियासत ये क़दम रुक नहीं सकते
रुक सकते हैं फ़नकार क़लम रुक नहीं सकते

हाँ, होश ये कहता है कि महफ़िल में ठहर जा
ग़ैरत का तक़ाज़ा है कि हम रुक नहीं सकते

ये क्या कि तेरे हाथ भी अब काँप रहे हैं
तेरा तो ये दावा था सितम रुक नहीं सकते

अब धूप हक़ीक़त की है और शौक़ की राहें
ख़्वाबों की घनी छाँव में हम रुक नहीं सकते

है प्यार की राहों में अभी सैकड़ों पत्थर
रफ़्तार बताती है क़दम रुक नहीं सकते

❖

36.

दिल पे ले कर हम एक निशान चले
तेरी महफ़िल से मेहरबान चले

याद आयेंगे दोस्तों की तरह
दे के ऐसा हम एक निशान चले

न सही फूल, संग ही फेंको
और कुछ देर इम्तहान चले

सिलसिला दोस्ती का क्यों टूटे
न सही तीर तो ज़बान चले

❖

37.

एक आस की मारी हुई दुल्हन की तरह है
ये ज़िन्दगी टूटे हुए कंगन की तरह है

हर शख़्स मेरे शहर में दुश्मन की तरह है
अब राम का किरदार भी रावन की तरह है

दिलकश भी नज़र आती है धब्बे भी बहुत हैं
ये ज़िन्दगी ज़रदार की उतरन की तरह है

इस दौरे-तरक़्क़ी में भी मुफ़लिस की जवानी
भट्टी में सुलगते हुए ईंधन की तरह है

मुद्दत से तेरे पाँव की आहट से है महरूम
ये दिल भी किसी बाँझ के आँगन की तरह है

❖

38.

हमें मज़दूरों की, मेहनतकशों की याद आती है
इमारत देख कर कारीगरों की याद आती है

नमाज़ें पढ़ के वापस लौटते बच्चों से मिलते ही
न जाने क्यों हमें पैग़म्बरों की याद आती है

मैं अपने भाइयों के साथ जब बाहर निकलता हूँ
मुझे यूसुफ़ के जानी दुश्मनों की याद आती है

तुम्हारे शहर की ये रौनक़ें अच्छी नहीं लगतीं
हमें जब गाँव के कच्चे घरों की याद आती है

मेरे बच्चे कभी मुझसे जो पानी माँग लेते हैं
तो पहरों करबला के वाक़यों की याद आती हैं

❖

39.

ख़ुश्क था जो पेड़ उस पर पत्तियाँ अच्छी लगीं
तेरे होंटों पर लरज़ती सिसकियाँ अच्छी लगीं

हर सहूलत थी मयस्सर लेकिन इसके बावजूद
माँ के हाथों की पकाई रोटियाँ अच्छी लगीं

जिसने आज़ादी के क़िस्से भी सुने हों क़ैद में
उस परिन्दे को क़फ़स की तीलियाँ अच्छी लगीं

हाथ उठा के वक़्ते-रुख़्सत जब दुआएँ उसने दीं
उसके हाथों की खनकती चूड़ियाँ अच्छी लगीं

हम बहुत थक-हार के लौटे थे लेकिन जाने क्यों
रेंगती, बढ़ती, सरकती चींटियाँ अच्छी लगीं

❖

40.

हमें भी पेट की ख़ातिर ख़ज़ाना ढूँढ लेना है
इसी फेंके हुए खाने से दाना ढूँढ लेना है

तुम्हें ऐ भाइयो यूँ छोड़ना अच्छा नहीं लेकिन
हमें अब शाम से पहले ठिकाना ढूँढ लेना है

खिलौनों के लिए बच्चे अभी तक जागते होंगे
तुझे ऐ मुफ़लिसी कोई बहाना ढूँढ लेना है

मुसाफ़िर हैं हमें भी शब-गुज़ारी के लिए राना
बजाय मैक़दे के चायख़ाना ढूँढ लेना है

❖

41.

किस दिन कोई रिश्ता मेरी बहनों को मिलेगा
कब नींद का मौसम मेरी आँखों को मिलेगा

ये सोच के माँ-बाप की ख़िदमत में लगा हूँ
इस पेड़ का साया मेरे बच्चों को मिलेगा

अब देखिए कौन आये जनाज़े को उठाने
यूँ तार तो मेरे सभी बेटों को मिलेगा

दुनिया की ये तक़दीर बदलने को उठेंगे
मौक़ा जो किसी रोज़ ग़रीबों को मिलेगा

इस जंग ने बैसाखियाँ बख़्शीं मुझे राना
सरकार से इनाम वज़ीरों को मिलेगा

❖

42.

सितारे, चाँद, कलियाँ, फूल, फुलवारी नहीं लाते
ग़ज़ल में हम कभी भरती की गुलकारी नहीं लाते

ख़ुशामद, चापलूसी और मक्कारी नहीं लाते
हम अपने शे'र में अलफ़ाज दरबारी नहीं लाते

भरे शहरों में क़ुरबानी का मौसम जब से आया है
मेरे बच्चे कभी होली में पिचकारी नहीं लाते

अभी तक तेरे क़स्बे में कई ऐसे घराने हैं
कभी जो माँग कर मस्जिद से अफ़तारी नहीं लाते

सहीफ़ों को हमेशा दिल के जुज़दानों में रखते हैं
किताबों के लिए चाँदी की अलमारी नहीं लाते

ये बिकते फूल काफ़ी ख़ूबसूरत हैं मगर राना
हम अपने घर में कोई चीज़ बाज़ारी नहीं लाते

❖

43.

मिलेगा जब उसे ये ख़त लिखा हुआ मेरा
वो उसके बाद न देखेगा रास्ता मेरा

ये सोच कर मुझे ले जाओ दार की जानिब
तुम्हीं बनाओगे एक दिन मुजस्समा मेरा

नहीं तो फिर ये उदासी ही रास क्यों आयी
ज़रूर 'मीर' से मिलता है सिलसिला मेरा

तुम्हारे शहर से रुख़सत का वक़्त आ पहुँचा
जो हो सके तो भुला दो कहा-सुना मेरा

मैं इस ख़याल से जाता नहीं हूँ गाँव कभी
वहाँ के लोगों ने देखा है बचपना मेरा

❖

44.

वो एक शख़्स जो बचपन से मेरे गाँव में है
ये जानता नहीं कोई कि देवताओं में है

जो अपने गाँव की पगडण्डियों पे छोड़ आया
छुपी हुई मेरी अज़मत उसी खड़ाओं में है

तमाम दोस्त हमें छोड़ कर चले भी गये
मगर ये काँटा अभी तक हमारे पाँव में है

लिपट के रोती नहीं हैं कभी शहीदों से
ये हौसला भी हमारे वतन की माँओं में है

❖

45.

वो कहाँ रहता है कोई तो निशानी आये
उसका पैग़ाम हवाओं की ज़बानी आये

अपनी आँखों को उदासी से बचाना उस दम
जब कोई बात तुम्हें याद पुरानी आये

मेरे नज़दीक चली आती हैं यूँ ही ख़ुशियाँ
जैसे मज़दूर के घर में कोई रानी आये

ज़ब्त के बाद भी यूँ आँख से आँसू निकले
जैसे छत काट के बरसात का पानी आये

यूँ चमकते हैं तेरी याद के जुगनू अक्सर
याद जैसे किसी पिक्चर की कहानी आये

❖

46.

हादसे दो-चार ऐसे इक़्तेसादी हो गये
अब कोई मौसम हो हर मौसम के आदी हो गये

छुप के बिस्तर में वो काफ़ी देर तक रोता रहा
घर के सारे लोग जब मसरूफ़े-शादी हो गये

मस्जिदें किसने गिरायीं, कौन मूरत ले गया
हम इसी उलझन में एक दिन मार्क्सवादी हो गये

❖

47.

मेरे घर के दरो-दीवार की हालत नहीं देखी
बरसते बादलो, तुमने भी मेरी छत नहीं देखी

जहाँ पर गिन के रोटी भाइयों को भाई देते हैं
सभी चीज़ें वहाँ देखीं मगर बरक़त नहीं देखी

मेरी दौलत, मेरी कार और मेरा घर देखने वालो
सभी देखा, मगर तुमने मेरी मेहनत नहीं देखी

❖

48.

अब कहने की ये बात नहीं है लेकिन कहना पड़ता है
एक तुझसे मिलने की ख़ातिर हमें सबसे मिलना पड़ता है

हमें दिन-तारीख़ तो याद नहीं बस इससे अन्दाज़ा कर लो
हम उस मौसम में बिछड़े थे जब गाँव में झूला पड़ता है

माँ-बाप की बूढ़ी आँखों में इक फ़िक्र-सी छायी रहती है
जिस कम्बल में सब सोते थे अब वो भी छोटा पड़ता है

सब कहते हैं ये देस हमारा सोने की इक चिड़िया है
इस बात को वो कैसे माने जिसे भूखा सोना पड़ता है

❖

49.

रिसते हुए ज़ख़्मों को दवा भी नहीं मिलती
अब हमको बुज़ुर्गों से सज़ा भी नहीं मिलती

क्या जाने कहाँ होते मेरे फूल-से बच्चे
विरसे में अगर माँ की दुआ भी नहीं मिलती

मुद्दत से तुम्हारा कोई ख़त भी नहीं आया
रस्ते में कहीं बादे-सबा भी नहीं मिलती

जो धूप में जलने का सलीक़ा नहीं रखता
उस पेड़ को पत्तों की क़बा भी नहीं मिलती

❖

टूटे-टूटे, बिखरे-बिखरे,
हैराँ-हैराँ, तनहा-तनहा

50.

हम उसके पास से उठ कर जो झूठ-मूठ गये
तमाम बाँध जो बाँधे थे उसने टूट गये

तू हमको छोड़ के जाता है, जा, ख़ुदा हाफ़िज़
मगर ख़ुदा न करे हम जो टूट-फूट गये

❖

घेर लेने को मुझे जब भी बलाएँ आ गयीं
ढाल बन कर सामने माँ की दुआएँ आ गयीं

सूने आँगन की उदासी में इज़ाफ़ा हो गया
चोंच में तिनके लिये जब फ़ाख़्ताएँ आ गयीं

❖

51.

लहू में रंग के छींटे मिलाये जाते हैं
मुशायरों में लतीफ़े सुनाये जाते हैं

नया चराग़ जलाते हैं जब भी हम राना
हमें हवाओं के क़िस्से सुनाये जाते हैं

❖

क्या चमन, क्या फ़स्ले-गुल सब कुछ निहाँ हो जायेगा
बुझ गयीं आँखें तो हर मंज़र धुआँ हो जायेगा

राहे-हक़ में मंज़िले-दारो-रसन आने तो दो
जो ज़बाँ रखता है वो भी बेज़बाँ हो जायेगा

❖

52.

काजल से मेरा नाम न लिखिए किताब पर
कुछ लोग जल न जायें कहीं इन्तख़ाब पर

❖

रात देखा है बहारों पे ख़िज़ाँ को हँसते
कोई तोहफ़ा मुझे शायद मेरा भाई देगा

❖

हम सिसकते हुए रिश्तों के कहाँ क़ायल थे
वरना हम, और तुझे दाग़े-जुदाई देते

❖

हम न दिल्ली थे, न मज़दूर की बेटी लेकिन
क़ाफ़िले जो भी इधर आये, हमें लूट गये

❖

53.

जो तीर भी आता है वो ख़ाली नहीं जाता
मायूस मेरे दर से सवाली नहीं जाता

काँटे ही किया करते हैं फूलों की हिफ़ाज़त
फूलों को बचाने कोई माली नहीं आता

❖

अपने चेहरे पे तबस्सुम की नक़ाबें न लगा
आँधियाँ तेज़ हैं, कमज़ोर तनाबें न लगा

लोग पढ़ लेते हैं काजल से लिखी तहरीरें
दिल की अलमारी में यादों की किताबें न लगा

❖

54.

सूखा न पसीना कभी पंखे की हवा से
हम लोग समन्दर से पलट आये हैं प्यासे

ये सोच के दामन मेरे महबूब बचाना
चेहरे पर उभर आयेंगे यादों के मुँहासे

❖

ख़्वाहिशों ने जो बनाये थे वो मीनार गिरे
भाव चढ़ने भी न पाये थे कि बाज़ार गिरे

❖

वो एक गुड़िया जो मेले में कल दुकान में थी
दिनों की बात है पहले मेरे मकान में थी

❖

बड़े लोगों से मिलने में बुराई कुछ नहीं राना
मगर इस पेड़ की शाख़ें बहुत कमज़ोर होती है

❖

मुसलसल धूप में चलने का ये अंजाम है राना
कि अब पेड़ों के साये भी बुरे मालूम होते हैं

❖

55.

दिल को मिल गयी ख़ुशी कोई
उसने रक्खा सँभाल कर ऐसे
जैसे इस्मत किसी कुँवारी की
जैसे मुफ़लिस के हाथ में पैसे

❖

सितारे पलकों पे अपनी सजाने वाला था
मैं आज जश्ने-तबाही मनाने वाला था
गुज़र गयी कुचलते हुए ये बस जिसको
वो शख़्स लौट के कल गाँव जाने वाला था

❖

56.

हाय कितनी ख़ूबसूरत गालियाँ देने लगे
अब मेरे अहबाब मुझको कुर्सियाँ देने लगे

मुद्दतों के बाद उसने ख़त लिखा है इस तरह
जैसे एक बेवा को कोई चूड़ियाँ देने लगे

❖

एक लड़की मिली सरे-बाज़ार
उसकी आँखें कि जैसे मैख़ाना
और बातों में कर्ब था इतना
जैसे मण्टो का कोई अफ़साना

❖

57.

कोई पागल किसी पागल को पकड़ना चाहे
मरमरीं हाथों से मख़मल को पकड़ना चाहे
यूँ ही मैंने तेरे आँचल की तमन्ना की थी
जैसे बच्चा कोई बादल को पकड़ना चाहे

❖

यूँ बुझा है चराग़ यादों का
जब भी फैले कर्ब के साये
जैसे इकलौता लाल बेवा का
किसी मोटर से दब के मर जाये

❖

58.

एक हल्के-से इशारे की ज़रूरत होगी
दिल की कश्ती को किनारे की ज़रूरत होगी

याद आयेंगी ये फैली हुई बाँहें उस दिन
जब कभी तुमको सहारे की ज़रूरत होगी

❖

ये शायरी नहीं ऐ मेरी सरफ़रोश ज़बाँ
बसद ख़ुलूस तेरा एहतराम करता हूँ

हवा-ए-शाम में रौशन है जो बनामे ग़ज़ल
मैं उस चराग़ की लौ को सलाम करता हूँ

❖

हम परिन्दों की तरह सुबह से दाने के लिए
घर से चल पड़ते हैं कुछ पैसे कमाने के लिए

जिसको बच्चों में पहुँचने की बहुत उजलत हो
उससे कहिए न कभी कार चलाने के लिए

❖

59.

ऐसा नहीं कि शहर में कमसिन नहीं रहे
गुड़ियों से खेलने के मगर दिन नहीं रहे

शायद हमारे पाँव में तिल है कि आज तक
घर में कभी सुकून से दो दिन नहीं रहे

❖

जहाँ मिला इन्हें मौक़ा वहीं उजाड़ दिया
मेरे बड़ों ने घरौंदा मेरा बिगाड़ दिया

मेरी सरिश्त में शामिल रहा है बचपन से
पतंग हाथ न आयी तो उसको फाड़ दिया

❖

जो मेरे साथ भटकते थे तितलियों के लिए
ख़रीद लाये हैं परदे वो खिड़कियों के लिए

तुझे ख़बर नहीं शायद तेरे बिछड़ने से
तरस गये हैं ये दरवाज़े दस्तकों के लिए

❖

60.

लबों पे उसके कभी बद-दुआ नहीं होती
बस एक माँ है जो मुझसे ख़फ़ा नहीं होती

मैं एक फ़क़ीर के होंटों की मुस्कुराहट हूँ
किसी से भी मेरी क़ीमत अदा नहीं होती

❖

61.

क़त्ल भी होगा हमारा तो यहीं पर होगा
फ़ैसला जो भी हो दुश्मन की ज़मीं पर होगा

आओ कुछ देर किसी पेड़ के नीचे बैठें
वरना फिर कोई कहीं, कोई कहीं पर होगा

❖

आरज़ूओ दिले-पामाल की जानिब आना
आसमानो कभी पाताल की जानिब आना

इश्क़ है काम मेरा नाम मुनव्वर राना
मुझसे मिलना हो तो बंगाल की जानिब आना

❖